Glück

für Kinder

Leo Bormans

Mit Illustrationen von Sebastiaan Van Doninck

Glück für Kinder

Zehn Wege zum Glück als Vorlesegeschichten

DUMONT

Für meinen Großvater, der zu mir sagte: „Ich habe vier Enkelkinder. Eines wurde blind geboren. Es ist meine Lieblingsenkelin. Wenn ich mit ihr spazieren gehe, sehe ich mehr, höre ich mehr, fühle ich mehr. Sie ist das Juwel unserer Familie."

Für alle Erwachsenen, die es wagen, ihre Träume zu Zielen zu machen, und für alle Kinder, die sie dadurch inspirieren.
Ich danke meinen Eltern, meiner Familie und meinen Freunden für den inneren Kompass; meinen Kindern, die mich immer wieder anregten, Geschichten zu erzählen, und dem Großvater, der mir beibrachte, Vögel zu lieben.

Leo Bormans

www.theworldbookofhappiness.com

www.leobormans.be

Übersetzung aus dem Niederländischen: Linda Marie Schulhof

Dritte Auflage 2021

Die Originalausgabe erschien 2014 unter dem Titel *Geluk voor kinderen* bei Lannoo, Tielt.

Gestaltung: Kris Demey

Illustrationen: Sebastiaan Van Doninck

www.lannoo.com

Deutsche Ausgabe

Verlagskoordination: Christina Holona, Vera Maas

Lektorat: Susanne Philippi

Satz: Silvia Cardinal

Umschlag: Birgit Haermeyer

Printed in Latvia

ISBN 978-3-8321-9901-2

www.dumont-buchverlag.de

BESONDERE VÖGEL AUF DER SUCHE NACH GLÜCK

Glück fällt nicht vom Himmel. Es ist auch eine Lebenseinstellung: optimistisch im Leben zu stehen, sich wohl in seiner Haut zu fühlen, sich Ziele zu setzen und diese zu realisieren, einen Sinn im Leben zu suchen, Schwungkraft zu entwickeln, mit anderen zusammenzuleben und die richtigen Entscheidungen zu treffen. Die Lebensumstände bestimmen nur einen kleinen Teil des eigenen Glücks. Eine positive Einstellung und die Art und Weise, wie man das Leben betrachtet, sind viel ausschlaggebender. Diese bekommt man zum Teil von seinen Eltern und den anderen Menschen in seinem Umfeld mitgegeben, durch Vorbildverhalten und Erziehung. Wir alle können aber lernen, ein wenig offener, optimistischer und glücklicher zu sein.

Jeder hat das Recht auf Kummer. Man muss nicht permanent froh und glücklich sein. Nicht jeder Tag im Leben ist ein Fest. Nicht für Erwachsene und nicht für Kinder. Aber wenn es einem gelingt, ein kleines bisschen positiver und glücklicher zu sein und diese Lebenseinstellung an die Familie, an Freunde, Kinder und Enkelkinder weiterzugeben, geht es jedem etwas besser und man trägt dazu bei, dass die Gesellschaft ein wenig wärmer wird.

Dieses Buch basiert auf den wichtigsten wissenschaftlichen Erkenntnissen der Positiven Psychologie und dem internationalen Bestseller *Glück. The World Book of Happiness.* Dessen Herausgeber Leo Bormans reist als „Botschafter für Glück und Lebensqualität“ mit einer inspirierenden Mission durch die Welt. Die folgenden Vorlesegeschichten orientieren sich an zehn Schlüsselbegriffen, die auf den Forschungsergebnissen von Professor Richard Layard (London School of Economics) und seiner weltweiten Bewegung *Action for Happiness* basieren – danke dafür. Es geht dabei um universelle Werte. Jeder seiner Glücksschlüssel steht für eine Grundeinstellung, die zusammen die Voraussetzungen für ein glücklicheres Leben bilden. Mehr dazu auf www.actionforhappiness.org.

Nehmen Sie sich Zeit, die Geschichten vorzulesen, die Zeichnungen zu betrachten und gemeinsam darüber zu sprechen. Lassen Sie sich überraschen. Die Fragen am Ende jeder Geschichte sind nicht als Test oder Prüfung gedacht. Sie bilden ein Grundgerüst für ein liebevolles Gespräch. Es gibt jeweils fünf Fragen zur Geschichte und fünf Fragen zum zentralen Glücksthema der Geschichte. Hören Sie zu, was die Kinder dazu zu sagen haben. Und berichten Sie auch aus Ihrem eigenen Leben. Zu jeder Geschichte gehören auch zwei Tipps für gemeinsame Aktivitäten.

Jede Geschichte steht für sich, aber zusammen bilden sie eine Welt. Alle Hauptfiguren sind Vögel, sie tragen jedoch menschliche Züge. Sie leben in einer universellen Welt, die durch Heterogenität, Respekt und globale Werte gekennzeichnet ist. In jeder Geschichte steht ein anderer Vogel im Mittelpunkt. Am Ende der Geschichte finden Sie Wissenswertes über die jeweilige Vogelart. Manchmal spielen charakteristische Eigenschaften eines Vogels in der Geschichte eine Rolle. Mit den Kindern hinterher über diese biologischen Informationen zu sprechen, gibt Ihnen die Möglichkeit, auf einfache Weise eine Brücke zwischen Fantasie und Wirklichkeit zu schlagen.

Wir möchten einen Beitrag zum Glück anderer leisten. Echtes Glück findet man im Teilen von Glück. Darum unterstützt *Glück für Kinder* das Projekt „O Mundo" der Stiftung Lesen in Belgien. So können Kinder aus allen Kulturen eine Weltbibliothek voller inspirierender Bücher kennenlernen.

ZEHN TIPPS ZUM VORLESEN

1. Sie können zu jeder beliebigen Tageszeit vorlesen. Vor dem Schlafengehen ist nur eine Möglichkeit.
2. Nehmen Sie sich Zeit. Schaffen Sie eine ruhige und gemütliche Umgebung. Setzen Sie sich nah neben das Kind.
3. Vorlesen sollte etwas Positives sein. Bestrafen Sie niemals ein Kind, indem Sie nicht vorlesen.
4. Genießen Sie das Vorlesen. Sorgen Sie dafür, dass das Kind merkt, dass Sie die Geschichte ebenfalls interessant und spannend finden.
5. Machen Sie ab und an Pausen, in denen Sie nichts sagen. Warten Sie nach jeder Frage einen kurzen Moment ab.
6. Sprechen Sie die Wörter deutlich aus. Stellen Sie eine kurze Frage, wenn die Aufmerksamkeit des Kindes nachlassen sollte.
7. Lesen Sie manche Sätze schnell, andere wiederum langsamer. Ahmen Sie Geräusche nach.
8. Schauen Sie nicht nur ins Buch, sondern nehmen Sie auch von Zeit zu Zeit Augenkontakt mit dem Kind auf.
9. Geben Sie dem Kind Zeit, Fragen zu stellen. Stellen Sie danach selbst Fragen. Sprechen Sie in Ruhe über die Geschichte.
10. Hören Sie nicht auf vorzulesen, wenn das Kind schon selbst lesen kann. Vorlesen eignet sich für jedes Alter.

Inhalt

ZEHN WEGE ZUM GLÜCK

Sporo

Sporo hält sich mit seinen Füßchen gut am Zweig fest. Er lauscht seinem Freund, der auf einem anderen Zweig sitzt. Tschilp-tschilp.

Auf einmal gleitet ein Reiher mit einem langen Schnabel schnell und leise über das Wasser direkt auf ihn zu. Happs! Sporo springt vor Schreck in die Luft.
Der Reiher beißt in den Zweig. Schmatz! Sporo ist dem Reiher entkommen, aber sein Herz klopft wie wild.

Es beginnt zu regnen. Sporo versteckt sich unter einem großen Blatt. Tropf, tropf. Nun sitzt er wieder im Trockenen. Aber was soll er tun, wenn der Regen und der Wind gleich stärker werden? Da hat er eine Idee: „Ich werde ein Nest bauen! Ein ganz besonderes Nest. Wenn der Reiher wiederkommt, kann er dort nicht hinein, und wenn es das nächste Mal regnet, werde ich nicht nass."

Sporo sammelt rote und gelbe Blätter, etwas Schilfrohr und braune Zweige. Mit feinen Grashalmen und dünnen Zweigen bindet er sie zusammen. Dazu benutzt er seinen kurzen, dicken Schnabel. Ruck. Ruck. Das Nest wird sehr stabil. Der Reiher wird es nicht kaputt machen können.

Tschilp-tschilp. Sporos Freund beobachtet, was Sporo da macht und wie hart er dafür arbeitet.
„Ich will auch so ein Nest", sagt er.
„Bau dein Nest am besten an meins dran", sagt Sporo. „Dann bist du nah bei mir. Und unsere Nester werden noch stabiler und noch schöner."
Die beiden Vögel fliegen hinauf und hinunter, hin und zurück, hin und her. Tagein, tagaus. Nur nachts ruhen sie sich aus.

Nach einigen Tagen ist das Nest so gut wie fertig.
„Wohin machen wir die Tür?", fragt Sporo.
Da sehen sie den Reiher, der am Rand des Wassers steht.

„Er wird versuchen, seinen langen Schnabel in unser Nest zu stecken“, sagt Sporo.
„Wir müssen also dafür sorgen, dass ihm das nicht gelingt.“
Die beiden Vögel schauen sich mit großen Augen an.
„Wie wäre es, wenn wir unser Nest mit dem Boden nach oben aufhängen?“, fragt Sporos Freund. „Mit einem Loch an der Unterseite. Da kommt der Reiher nicht hinein.“
„Was für eine gute Idee!“, meint Sporo.

Und da kommt der Reiher schon angeflogen. Schnell und leise gleitet er über das Wasser.
Flupp. Die beiden Vögel tauchen von unten in ihr Nest, durch ein kleines Loch. Der Reiher prallt mit seinem Schnabel gegen einen dicken Zweig. Bamm! „Wohin sind die kleinen Vögel nur verschwunden?", wundert sich der Reiher.

„Wir wollen auch so ein Haus!", rufen die anderen Vögel. Tschilp-tschilp. „Baut eure Nester an unseres", sagt Sporo. „Dann ist es kein Haus mehr, sondern eine ganze Siedlung. Eine Verkehrtherum-Siedlung! Schön, gemütlich und sicher!"

Die Vögel suchen nach den schönsten Blättern und den kräftigsten Zweigen. Sie bauen ihr Nest so, wie man einen warmen Pullover strickt. Mit ihrem Schnabel und ihren Füßchen verweben sie dünne Zweige und Blätter miteinander. So entsteht eine hängende Stadt in den Bäumen. Jedes Nest hat ein kleines Loch an der Unterseite. Der Reiher aber ärgert sich wahnsinnig darüber. Und wenn es regnet, hört man in allen Nestern ein feines, leises Zwitschern. Tschilp-tschilp. „Man hört uns zwar, aber man sieht uns nicht!"

Gut zugehört?

- Wovor hat Sporo Angst?
- Wie baut er sein Nest?
- Was macht sein Freund?
- Wie halten sie den Reiher davon ab, seinen Schnabel in ihr Nest zu stecken?
- Warum nennt Sporo die Nester eine „Siedlung"?

Und jetzt du!

- Warum will Sporo ein Nest bauen?
- Woran merkt man, dass Sporo und sein Freund sehr schlau sind?
- Wovon träumst du manchmal?
- Was könntest du unternehmen, damit dein Traum wahr wird?
- Wer kann dir dabei helfen?

„Ich werde ein Nest bauen!“

GLÜCKSSCHLÜSSEL

ZIELE = *eine Richtung anpeilen, sich Ziele setzen und diese Schritt für Schritt realisieren*

→ **Bist du froh oder hast du Angst, wenn du an morgen denkst? Glückliche Menschen träumen von den Dingen, die sie noch vorhaben. Sie machen Pläne, um ihre Ziele Schritt für Schritt zu verwirklichen, so wie Sporo und seine Freunde. Die Vögel wollen ein Haus bauen. Sie schmieden einen Plan, wie sie den Reiher und den Regen fernhalten können. Sie haben viele gute Ideen und arbeiten gemeinsam an deren Verwirklichung. Sie glauben fest daran, dass es funktionieren wird. Und sie denken dabei nicht nur an ihr eigenes Glück, sondern auch an das der anderen.**

→ **Für den Vorleser: Welche Pläne oder Ziele hast du? Was möchtest du im Leben noch machen? Erzähle davon!**

Wer ist Sporo?

- Sporo heißt mit vollem Namen *Sporopipes frontalis*, Schuppenköpfchen. Er ist ein Webervogel. Es gibt viele verschiedene Arten von Webervögeln. Sie bauen verschiedene Arten von Nestern. Schön und kompliziert. Oftmals hängen die Nester verkehrt herum und in Kolonien zusammen. Manchmal gibt es bis zu 300 Nester in einem Baum! Der Eingang ist meist ein Loch an der Unterseite des Nestes. Die Webervögel sind die größte Vogelfamilie der Welt. Sie helfen sich gegenseitig.
- Woran kannst du einen Webervogel wie Sporo erkennen? Kannst du den Vogel und sein Nest malen?

Machen!

- Male oder baue ein paar verrückte Vogelnester.
- Male eine große Wolke und zeichne deine Träume und Ziele dort hinein.

Kakadu

„Haltet den Schnabel und lasst mich in Ruhe!“, ruft Kakadu ihren Schwestern zu, die unten in den Sträuchern spielen. Kakadu läuft über die höchsten Zweige des Baumes. Sie pflückt Nüsse. „Knips“, macht sie mit ihrem scharfen Schnabel. „Knips.“ Eine Nuss fällt aus dem Baum auf den Boden. „Die Nuss ist zu hart für mich, kannst du sie für mich knacken?“, ruft ihre jüngste Schwester. Kakadu stellt ihre rote Federhaube noch senkrechter auf:
„Knack' deine Nüsse doch selbst!“

Kakadus Schwestern spielen Verstecken.
„Eins, zwei, drei, vier Eckstein, jede Feder muss versteckt sein!“
Die ganze Familie hat weiße Federn, aber jeder Vogel hat einen andersfarbigen Schopf: orange, gelb, grün oder rosa.
„Wo seid ihr?“, ruft die Jüngste.
Die anderen Schwestern legen ihre Federnhäubchen flach nach hinten. Dann sind sie kaum zu finden. Schnatterdischnatter. Zwitscherdizwitscher.
Plötzlich lugt ein gelber Schopf empor.
„Ich habe dich gesehen!“, ruft die Jüngste.
Alle Schwestern lachen, außer Kakadu. Sie sitzt auf dem höchsten Zweig, mit aufgestellter roter Federhaube.

Danach spielen die Schwestern im Sand unter dem Baum. Sie laufen ein paar Runden und spielen Fangen. Der rosa Schopf hat den gelben Schopf beinahe gepackt. Plötzlich fliegt ein sehr großer Vogel über den Bäumen. Er ist so groß, dass seine Flügel sogar kurz das Sonnenlicht verdecken. Die Schwestern verhalten sich ruhig. Dieser Vogel könnte uns auffressen, denken sie.

Kurz darauf scheint die Sonne wieder.
Ist der große Vogel weg? Die Schwestern
schauen nach oben, zum höchsten Zweig.
Dort sitzt Kakadu, starr vor Angst.
Ihre rote Federhaube steht senkrecht
nach oben und ihre Federn zittern.
„Lass' dich fallen!", rufen ihre
Schwestern so laut sie können.
Und wieder wird es dunkel.
Der große Vogel kommt wieder
über die Bäume geflogen.
Noch tiefer als zuvor.
Er hat Kakadu gesehen.
„Komm nach unten!" Die Schwestern
beginnen, sehr schnell im Kreis zu laufen.
„Komm' in unseren Kreis!"

Kakadu zögert kurz, lässt dann aber doch ihren Zweig los. Saus! Bumm!
Sie landet in der Mitte des Kreises.
Der große Vogel stürzt hinter Kakadu her. Gelbe, orangefarbene, grüne,
rosa und rote Flecken tanzen vor seinen Augen. Er ist verwirrt.
Kraaaaaaaaa. Die Schwestern machen einen Höllenlärm.
Der große Vogel schlägt wie wild mit seinen Flügeln und steigt auf.
Dann verschwindet er hinter den höchsten Zweigen der Bäume.

„Der kommt nie wieder!", rufen die Schwestern. Sie sind müde vom Laufen und Lärmen. Kakadu sitzt in der Mitte des Kreises. Sie lässt ihre Federhaube sanft nach hinten fallen. Dann schaut sie ihre Schwestern an.
„Danke", sagt sie. „Danke."

„Sollen wir Verstecken spielen?", fragt die Schwester mit dem grünen Schopf. Kakadu schaut sie mit großen Augen an. Dann sagt sie: „Ja, das ist eine gute Idee. Lasst uns Verstecken spielen. Und wenn der große Vogel noch mal wiederkommt, verjagen wir ihn gemeinsam!"

Gut zugehört?

- Wie sieht Kakadu aus?
- Was macht Kakadu den ganzen Tag?
- Was machen ihre Schwestern gerne?
- Was hat der große Vogel vor?
- Wie jagen sie den großen Vogel davon?

Und jetzt du!

- Warum spielt Kakadu nicht mit ihren Schwestern?
- Warum braucht Kakadu ihre Schwestern?
- Wann bist du gerne alleine?
- Was machst du gerne mit deiner Familie und Freunden?
- Wie kannst du noch mehr Freunde finden?

„Ich bin gerne mit anderen Menschen zusammen."

GLÜCKSSCHLÜSSEL

BEZIEHUNGEN = *sich mit anderen Menschen verbinden*

→ **Glück kann man in zwei Worten zusammenfassen: „andere Menschen". Es geht nicht um „Ich" oder „Sachen". Glück kann man nicht kaufen. Man teilt es am besten mit anderen. Kakadu ist nicht glücklich, so alleine ganz oben im Baum. Wer mit anderen spielt und arbeitet, ist glücklicher und lebt länger. Gemeinsam kann man Krankheiten und Gefahren besser bewältigen. Zusammen können die kleinen Vögel den großen Vogel verjagen. Man kann sich gegenseitig helfen und unterstützen. Und gemeinsam zu lachen ist viel schöner als alleine.**

→ **Für den Vorleser: Erzähle, mit wem du gerne etwas unternimmst.**

Wer ist Kakadu?

- Kakadus gehören zur Familie der Papageien und sehen ihnen auch ein wenig ähnlich. Der Name „Kakadu" kommt aus dem Malaysischen und bedeutet „ältere Schwester", aber auch „Kneifzange". Kakadus haben einen kräftigen, gebogenen Schnabel. Ihre Füße haben jeweils vier Zehen, von denen zwei nach vorne und zwei nach hinten zeigen. Kakadus sind meistens weiß, aber ihre Federhaube kann sehr viele verschiedene prächtige Farben haben, die sie aufstellen, wenn sie böse, ängstlich oder aufgeregt sind. Sie spielen gerne und haben eine sehr laute Stimme. Wenn Kakadus andere Vögel verjagen wollen, stellen sie ihre Federhaube auf, schlagen mit den Flügeln und laufen wild hin und her.
- Woran kann man einen Kakadu erkennen? Kannst du einen malen?

Machen!

- Spiele in dieser Woche Verstecken.
- Male dich selbst als Sonne mit Strahlen.
  Zeichne an jedes Ende eines Sonnenstrahls jemanden, den du kennst und den du gerne magst.

Alba

Es ist dunkel. Alba schaut mit seinen scharfen Augen umher, aber das Einzige, was er sieht, sind graue und schwarze Wolken. Er lässt sich auf seinen großen Flügeln durch die Luft gleiten. Immer geradeaus. Dann lässt er sich ein wenig fallen und gleitet weiter hunderte Meter durch die Wolken. Er schlägt kurz mit den Flügeln und schwebt in einem großen Bogen hinab. Es sind keine Sterne zu sehen. Keine anderen Vögel. Nur einige dunkle Wolken. Er spürt den kalten Wind und sieht tief unter sich das große Meer.

„Was mache ich hier?“, sagt Alba zu sich selbst. Aus diesen vier Wörtern hat er ein Lied gemacht. Er wirbelt sie durcheinander und singt das Lied den ganzen Tag: „Was mache ich hier. Hier mache ich was. Mache was ich hier. Was hier ich mache. Mache ich was hier. Ich mache hier was. Was mache ich hier?“

Saus! Alba lässt sich senkrecht nach unten fallen. Er düst mit seinem Schnabel durch die Meereswellen. Schnapp! Er hat einen kleinen Tintenfisch gefangen. Mmh! Einige kräftige Schläge mit seinen Flügeln und er fliegt wieder hoch in den Wolken. „Ich mache hier was. Mache was ich hier. Was mache ich hier?“

Plötzlich sieht er in den dunklen Wolken etwas glitzern. Alba richtet seinen Blick darauf. Ist es die Sonne? Nein. Das glänzende Ding ist viel kleiner und viel näher als die Sonne. Langsam fliegt er dorthin. Hinter den schwarzen Wolken taucht eine kleine goldene Wolke auf. Sie strahlt sehr hell. Alba versucht, dichter hinzufliegen, aber die Strahlen tun ihm in den Augen weh. Er dreht um. Was wohl hinter der Wolke ist? Er riecht nichts und er hört nichts. „Was mache ich hier? Ich mache hier was! Ich will wissen, was hinter der goldenen Wolke ist!“

Alba macht mit seinen kräftigen Flügeln einen großen Bogen. Er fliegt in die entgegengesetzte Richtung. Schneller als der Wind. Dann dreht er sich wieder um. Er fliegt jetzt geradeaus auf die goldene Wolke zu. Stärker als Superman.

Saus! Braus! Klatsch!

Alba fliegt nun quer durch die Wolken hindurch. Er hört Musik. Er sieht weiße und rote Wolken. Er sieht die Sonne, die Sterne und den Mond! Und es riecht nach Fisch. Überall sind fliegende Fische!

„Welch' schöne Wolken!" Alba breitet seine Flügel aus und lässt sich durch den warmen Wind treiben. Kilometerlang. Er braucht nicht mal mit den Flügeln zu schlagen. Alba lacht. Es sind keine schwarzen Wolken mehr zu sehen. „Hier wollte ich immer hin! Was mache ich hier? Hier mache ich was!" Dreimal mit den Flügeln schlagen und schon schießt er wie ein Pfeil durch die Luft. Da! Noch ein Vogel! Und noch einer! „Sollen wir Freunde werden?"

Alba will nie wieder zurück zu den kalten, schwarzen Wolken.
Hier spürt er die Sonne, schmeckt das Meer, sieht die Farben und hört die Musik. Hinter der ersten roten Wolke versteckt sich eine weitere goldene Wolke. Und noch eine. Und noch eine. „Soll ich durch sie hindurchfliegen?
Nein. Jetzt noch nicht. Gleich vielleicht.
Erst einmal will ich einfach fliegen. Lange fliegen.
Das mache ich hier!"

Gut zugehört?

- Aus welchen Wörtern hat Alba ein Lied gemacht?
- Wie viele verrückte Sätze kann man aus den vier Wörtern bilden?
- Was sieht Alba plötzlich in den dunklen Wolken?
- Was sieht Alba hinter der goldenen Wolke?
- Was macht Alba am liebsten?

Und jetzt du!

- Welche Frage stellt sich Alba, als er zwischen den dunklen Wolken umherfliegt?
- Welche Frage stellst du dir, wenn du in die Wolken schaust?
- Warum hat Alba keine Angst vor der goldenen Wolke?
- Welche Antwort hat Alba auf seine Frage „Was mache ich hier?" gefunden?
- Was würdest du gerne sehen, wenn du durch eine goldene Wolke fliegen würdest?

„Wer seine Augen offen hält, findet auch immer eine goldene Wolke.“

GLÜCKSSCHLÜSSEL

OFFENHEIT UND SINNGEBUNG = *offen sein und nach dem großen Ganzen Ausschau halten*

→ **Wenn man Angst hat und sich zurückzieht, ist es schwierig, glücklich zu sein. Alba möchte eine Antwort auf seine Frage „Was mache ich hier?“ finden. Er ist neugierig und entdeckt, dass es immer einen Ausweg gibt, wenn es einem nicht gut geht: eine goldene Wolke inmitten der dunklen Wolken. Wenn man sich traut, durch sie hindurchzufliegen, findet man oftmals tolle Sachen, neue Freunde und eine Antwort auf seine Fragen. Alba weiß jetzt, dass er am liebsten einfach umherfliegt. Das ist sein Leben. Er sieht noch andere goldene Wolken, aber er fliegt nicht durch sie hindurch. Er ist glücklich, wenn er durch die Luft gleitet.**

→ **Für den Vorleser: Wovor hast du manchmal Angst und wovon träumst du?**

Wer ist Alba?

- Alba heißt eigentlich Albatros. Der Albatros ist einer der größten Seevögel der Welt. Mit ausgestreckten Flügeln sind Albatrosse manchmal bis zu 3,5 Meter breit. In ihren Schultern befindet sich eine Art Schloss, mit dem sie ihre Flügel feststellen können, sodass sie zum Fliegen nicht mehr ihre Muskeln benutzen müssen. Sie fliegen eigentlich fast immer über dem Meer. Sie spielen sehr geschickt mit dem Wind. Dadurch können sie manchmal tausend Kilometer zurücklegen, ohne ihre Flügel zu bewegen. Und wenn sie sich einen Meter nach unten fallen lassen, kommen sie sofort mehr als 20 Meter vorwärts. Sie laufen nicht besonders gerne. Sie können es auch nicht so gut.
- Woran erkennt man einen Albatros? Kannst du einen malen?

Machen!

- Male fünf Wolken oder schneide welche aus. Zeichne oder schreibe in zwei dunkle Wolken, wovor du manchmal Angst hast. Male oder schreibe in drei leuchtende Wolken, wovon du träumst.
- Setze dich nach draußen oder an einen hoch gelegenen Ort und betrachte die Wolken. Welche Tiere oder Dinge erkennst du in ihnen?

Kagu

Kagu läuft durch das hohe Gras. Es kitzelt an seinem Bauch. Er springt über einen Zweig. Oh, er strauchelt und fällt auf den Schnabel. Seine Nase tut weh. Plötzlich sieht er einen Grashüpfer. Er läuft ihm hinterher.
Aber der Grashüpfer macht einige verrückte Sprünge und Kagu bekommt ihn nicht zu fassen. Weg ist er.

Kagu reißt seine großen Augen weit auf. Wo gibt es denn hier im Gebüsch noch etwas Leckeres zu essen? Da! Eine dicke Spinne, in der Mitte ihres Netzes. Kagu stürmt auf sie zu. Hüpf!
Aber die Spinne hat sich versteckt. Kagu kann sie nirgends entdecken. Sein Gesicht ist jetzt voller Spinnweben. Und er hat immer noch nichts zu essen. Kagu ist müde. Er setzt sich kurz auf einen Blätterhaufen.

Dann sieht er seinen Papa. Er steht auf einem Bein und bewegt sich nicht. Sein anderes Bein hat er unter seinen Federn versteckt. So sieht Papa aus wie eine Blume, mit rotem Stiel und weißen Blättern. Der Wind spielt in seinen Federn. Sie bewegen sich mit den Blättern der Sträucher. Papa spielt Verstecken!
Aber vor wem versteckt er sich wohl? Kagu schaut sich seinen Papa vom Kopf bis zu den Füßen an. Die Löcher oberhalb seines Schnabels gehen ganz ruhig auf und zu. Auf und zu.
Warum bleibt er da so still stehen? Ob Papa ihn schon gesehen hat?

Oh ja, das hat er. Papa zwinkert Kagu zu.
Aber das hat nur Kagu gesehen.
Es ist nun sehr still im Wald. Ein gelber Käfer krabbelt über die Zehen seines Papas. Schnapp! Papa holt sein anderes Bein pfeilschnell aus dem Gefieder.
Knack! Happs! Er steckt den Käfer in seinen Schnabel.

So macht
Papa das also!
Kagu versucht,
es ihm gleichzutun.
Er stellt sich auf einen dicken Zweig und zieht ein Bein unter seinen Bauch. Das kitzelt ein bisschen. Er beugt seinen Kopf ein wenig nach unten. So kann er den gesamten Zweig unter sich sehen. Der Wind pustet sachte durch sein Gefieder. Jetzt bin ich eine Blume, denkt Kagu. Die Löcher oberhalb seines Schnabels gehen ganz ruhig auf und zu. Auf und zu. Er steht ganz still. Er träumt von einem warmen Nest, großen Wolken und dicken Spinnen.

Eine Raupe kriecht über den Zweig, auf dem Kagu steht. Gelb. Grün. Rot. Gelb. Grün. Rot. Sie schiebt ihren Rücken hoch und wieder runter. So bewegt sie sich langsam über den Zweig. Kagu steht immer noch ganz still und ist nun ganz und gar zu einer Blume geworden. Die Raupe kriecht über die roten Zehen seines Fußes. Schnapp! Kagu holt blitzartig sein anderes Bein aus dem Gefieder. Knack! Happs! Er steckt sich die Raupe in den Schnabel.
Mmh. Lecker!

Dann schaut er zu seinem Papa. Der beginnt, ein Liedchen zu pfeifen. Kagu pfeift zurück. Alle Tiere im Wald spitzen ihre Ohren. Pfüüt. Pfüüt. Tschilp-tschilp. Dann wird es wieder ruhig im Wald. Sehr ruhig. Kagu und sein Papa bewegen sich nicht. Aber sie haben alles im Blick.

Gut zugehört?

- Welche beiden Tiere versucht Kagu zu fangen?
- Wie macht er das am Anfang?
- Wie fängt sein Papa einen Käfer?
- Welches Tier fängt Kagu?
- Wie macht er das nun?

Und jetzt du!

- Warum kann Kagu am Anfang keine Tiere fangen?
- Was sieht er alles, als er seinen Papa beobachtet?
- Was lernt er von seinem Papa?
- Wie fühlt sich Kagu, als er auf einem Bein steht?
- Warum pfeifen sie am Ende ein Lied?

„Genau hinsehen!“

GLÜCKSSCHLÜSSEL

WAHRNEHMEN UND WERTSCHÄTZEN = *die Welt um uns sehen und schätzen*

→ **Kagu rennt umher und macht dabei viel Lärm. Dadurch verjagt er alle Tiere und bekommt nichts zu essen. Dann beobachtet er seinen Vater. Seine Beine, seine Federn, seinen Schnabel, seine Nase, seine Augen. Sein Papa kann sehr gut still stehen. Er ist ganz ruhig. Dadurch kann er einen Käfer fangen. Das möchte Kagu auch können. Als er dann auch auf einem Bein steht, fühlt er sich sehr gut. Er kann gucken, träumen, still stehen. So ist es auch viel einfacher, eine Raupe zu fangen. Das macht ihn und seinen Papa froh. Darum pfeifen sie ein Lied, das im ganzen Wald zu hören ist.**

→ **Für den Vorleser: Wann fühlst du dich ganz ruhig? Was findest du schön in der Welt?**

Wer ist Kagu?

- Es gibt nicht mehr viele Kagus auf der Welt: weniger als tausend. Der Kagu ist ein Vogel, der nicht sehr gut fliegen kann. Er läuft auf dem Boden des Waldes zwischen den Sträuchern umher. Er hat lange rote Beine und grau-weiße Federn. Über seinem Schnabel hat er etwas, das an die Nasenlöcher eines Menschen erinnert. Er kann sehr gut still stehen, um Grashüpfer, Käfer und Raupen zu fangen. Die Jungvögel bleiben oftmals noch viele Jahre in der Nähe der Eltern. Zusammen pfeifen sie besonders schöne Melodien, immer abwechselnd. Früher fingen die Menschen Kagus, um sie im Käfig zu halten.
- Woran erkennt man einen Kagu? Kannst du einen malen?

Machen!

- Fotografiere oder zeichne fünf Dinge, die du schön findest zu Hause.
- Sei drei Minuten (oder länger?) mucksmäuschenstill.

Dipper

Dipper zieht mit seinem Schnabel an seinem Schwänzchen. Und noch mal. Und noch mal.
„Ich will einen langen Schwanz haben“, sagt er.
„Hör’ sofort auf damit!“, ruft seine Mama. „Dipper haben kurze Schwänze. Sieh dir meinen an: kurz und schwarz.“
„Aber ich will einen langen Schwanz“, sagt Dipper. „Mit ganz vielen Farben: gelb und rot und grün!“ Er stampft mit seinen kurzen Beinchen in eine Pfütze. Platsch, platsch, platsch. Seine Federn werden nass. „Und ich will einen langen Schnabel und lange Beine.“
Seine Mama seufzt. Sie schaut auf ihre eigenen kurzen Beine, ihren kurzen Schnabel, ihren kurzen Schwanz und die schwarzen Federn. „Schön“, sagt sie. „Sehr schön!“
Dipper und sie gleichen sich wie ein Ei dem anderen.

Dipper schaut nach oben. Hoch oben am Himmel fliegen große Vögel. Ihre Flügel sehen aus wie Fahnen im Wind. Flatterdiflatter!
Dipper streckt seine eigenen Flügel aus. Sie sind so groß wie ein Taschentuch. Ein kleines Taschentuch. Er schlägt mit den Flügeln und fliegt über das Gras. Aber Dipper möchte höher fliegen können. Viel höher. Bis zu den Wolken. Er schlägt noch kräftiger mit den Flügeln. Dann fällt er jäh hinunter, in den Fluss neben dem Baum. Zum Glück findet er einen Stein und kriecht hinauf.

Da sitzt er nun, mitten im Fluss auf einem Stein. Dipper steckt seinen Kopf ins Wasser. Er sieht einen großen rosa Fisch vorbeischwimmen.
„So ein Fisch möchte ich auch sein!“, sagt er. „Ein großer rosa Fisch, der sehr weit schwimmen kann.“
Er schlägt mit seinen Flügeln ins Wasser. Spritz, spritz, spritz. Der große Fisch schwimmt schnell weg. Dipper sieht eine kleine Garnele. Er taucht ins Wasser und saust hinter ihr her. Happs! Die Garnele schwimmt in seinen Schnabel. Mmh. Lecker!

Dipper klettert aus dem Wasser. Neben dem schnell fließenden Fluss sitzt seine Mama ruhig vor einer Felsspalte. Darin ist ihr Nest. Dipper schmiegt sich ganz dicht an seine Mama. Er schüttelt seine Federn. Mama fühlt, wie er zittert. Gemeinsam schauen sie nach oben. Hoch oben im Himmel ziehen die großen Vögel ihre Kreise.

„Lass' sie nur machen“, sagt Mama. „Du bist kein großer Vogel. Du bist Dipper. Du kannst deine Kreise über dem Gras ziehen.“
Da steckt der große rosa Fisch seinen Kopf kurz aus dem Wasser. „Und du bist auch kein Fisch“, sagt Mama. „Du bist Dipper. Du kannst über das Wasser fliegen. Das kann ein Fisch nicht. Und du kannst sogar unter Wasser laufen. Das können andere Vögel nicht.“
Sie flüstert leise in sein Ohr. „Du kannst etwas, was nur Dipper können: Du kannst in der Luft schwimmen und unter Wasser fliegen!“

Dipper schaut zu den Wolken. Er spreizt seine Flügel und fliegt dicht über das Gras und über den Fluss. Das Wasser unter ihm glänzt wie ein Spiegel. Er sieht sich selbst im Wasser. Flatterdiflatter. Er schwimmt durch die Luft. Dann taucht er hinab. Platsch! Er fliegt durchs Wasser.
Happs! Eine Garnele!

Gut zugehört?

- Wie findet Dipper seinen Schwanz, seinen Schnabel und seine Beine?
- Was sieht Dipper hoch oben in den Wolken?
- Was sieht Dipper im Wasser?
- Was erzählt ihm seine Mama?
- Was kann Dipper, was nur Dipper können?

Und jetzt du!

- Warum möchte Dipper ein großer Vogel sein?
- Warum möchte Dipper ein Fisch sein?
- Was möchtest du manchmal sein?
- Was kannst du richtig gut?
- Worauf bist du stolz?

„*Ich bin froh,*
dass ich Dipper bin.“

GLÜCKSSCHLÜSSEL

MAN SELBST SEIN = *sich selbst akzeptieren und sich wohl in seiner Haut fühlen*

→ **Es gibt fast immer etwas, was man gerne an sich verändern würde. Man denkt, dass man zu klein oder zu groß sei. Zu dick oder zu dünn. Zu dumm oder zu langsam. Dipper ist ein lieber, schöner, kleiner Vogel. Er kann unter Wasser sehen und Garnelen fangen. Aber manchmal ist er unglücklich, weil er denkt, dass er lieber ein großer Vogel oder ein Fisch sein will. Er ist kein großer Vogel und auch kein Fisch. Aber er kann etwas Besonderes: Er kann unter Wasser fliegen und in der Luft schwimmen! Wir alle haben etwas, worüber wir uns freuen dürfen.**

→ **Für den Vorleser: Mit welchen deiner Eigenschaften bist du sehr zufrieden? Erzähle davon.**

Wer ist Dipper?

- Dipper ist der englische Name der Wasseramsel. Die Wasseramsel lebt in der Nähe schnell fließender Flüsse. Sie hat einen kurzen Schwanz und das Gefieder ist nicht sehr farbenprächtig. Die Wasseramsel frisst kleine Tiere vom Grund des Gewässers. Sie kann unter Wasser sehen und ist verrückt nach Garnelen. Wasseramseln können sehr gut fliegen. Auch unter Wasser benutzen sie ihre Flügel. So scheint es, als würden sie damit unter Wasser fliegen.
- Woran kannst du eine Wasseramsel erkennen? Kannst du eine malen?

Machen!

- Gehe diese Woche schwimmen.
- Schneide Fotos aus Zeitschriften von Dingen oder Menschen aus, die du schön, lustig oder toll findest. Klebe sie auf ein Blatt und gestalte daraus ein Bild mit dem Titel „Das bin ich“.

Hokko

Hokko ist in seinem Ei. Er will heraus. Tick, tick, tick! Er klopft mit seinem Schnabel von innen gegen die Schale. Tick, tick, tick! Ihm wird heiß.
Noch ein kräftiges Ticken und – krrrk! – die Eierschale bricht auf. Hokkos Flügel kleben an seinem kleinen Körper.

Hokko versucht, aus dem Ei zu klettern. Aber unter seinen Füßchen ist es glatt. Er fällt auf den Schnabel. Er hält sich an den zwei großen grauen Vogelbeinen über ihm fest. Sie gehören seiner Mutter. Seine Mutter sitzt über ihm. Aber sie ist nicht schwer. Sie ist warm.

Plötzlich steht Mama auf. Hokko schaut über den Rand des Nestes. Es bewegt sich und Hokko spürt den Wind in seinen Federn. Dann schaut er geradewegs in zwei große Augen von einem weiteren Vogel. Er hat eine dicke Mücke im Schnabel. Hokko hat diesen Vogel noch nie gesehen und weiß doch, wer es ist: Das ist sein Papa. Papa steckt die Mücke in Hokkos Schnabel. Happs. Hokko verschluckt sich beinahe. Mmh. Die Mücke ist aber lecker! Dann sinkt sein Kopf wieder nach unten. Mama setzt sich wieder auf das Nest.

Tock, tock, tock!
Was ist das? Da liegt noch ein Ei im Nest!
Das Ei bewegt sich. Krrrk! Es bricht auf. Ein seltsamer Vogel kommt heraus. Er hat einen gelben Knubbel auf dem Schnabel. Der Vogel versucht, aus dem Ei zu klettern, doch er rutscht aus und fällt auf seinen Schnabel.
Hokko traut sich nicht zu lachen. „Ich weiß, wie schwierig es ist, aus dem Ei zu klettern", sagt er. Der kleine Vogel zittert ein bisschen.

Krutsch! Das Federdach über ihren Köpfen geht wieder nach oben. Ein frischer Wind bläst durch das Nest. Da ist Papa wieder mit einer Mücke. Einer sehr großen Mücke! Papa schiebt Hokkos Schnabel auf und steckt die Mücke hinein. Danach fliegt er sofort wieder weg.

Hokko behält die Mücke im Schnabel. Er hat Hunger und Mücken sind lecker. Aber Hokko schluckt die Mücke nicht herunter. Langsam geht er auf seinen Bruder zu. Der schaut ihm geradewegs in die Augen. Als er seinen Schnabel öffnet, steckt Hokko die Mücke hinein. Happs! Sein Bruder isst zum ersten Mal in seinem Leben eine Mücke. Mmh. Lecker! Hokko wird ganz warm von innen.

Dann fängt es an zu regnen. Das Federdach von Mama schiebt sich langsam über sie. Es wird still im Nest. Die beiden Brüder sehen sich an. Sie versuchen zu lachen. Aber das Einzige, was Mama hört, ist ein leises Piepsen unter ihren Federn. Piep. Piepiep. Piep.

Gut zugehört?

- Wo wohnt Hokko?
- Wie sehen seine Eltern aus?
- Was bekommt Hokko von seinem Papa?
- Was macht Hokko, als er zum zweiten Mal etwas von seinem Papa bekommt?
- Was macht Hokko froh und glücklich?

Und jetzt du!

- Warum traut sich Hokko am Anfang nicht, über seinen Bruder zu lachen?
- Warum gibt Hokko die Mücke seinem Bruder?
- Was hast du schon mal jemandem gegeben?
- Wann fällt es dir schwer, jemandem etwas zu geben oder etwas zu teilen?
- Was könntest du noch abgeben oder mit jemandem teilen?

„Ich behalte nicht alles für mich.“

GLÜCKSSCHLÜSSEL

GEBEN = *teilen und etwas für andere tun*

→ **Hokko ist glücklich, wenn er etwas „geben“ kann: Es geht nicht nur um Geschenke. Man kann auch helfen und etwas für andere machen. Oder man kann etwas teilen: jemandem etwas abgeben von etwas, das man selbst hat. Das braucht nicht viel zu kosten. Für Hokkos Bruder ist eine Mücke schon etwas Tolles. Man kann viele verschiedene Dinge geben: ein Päckchen, eine Überraschung, Aufmerksamkeit, Hilfe, eine Idee … So schafft man starke Verbindungen zu anderen Menschen. Es gibt einem ein gutes Gefühl und man wird glücklicher. Mache niemals etwas nur, weil du denkst, dann etwas zurückzubekommen. Möchtest du dich gut fühlen? Dann tue anderen etwas Gutes.**

→ **Für den Vorleser: Erzähle, wann du das letzte Mal etwas geteilt oder abgegeben hast.**

Wer ist Hokko?

- Es gibt wirklich Vögel wie Hokko einer ist. Sie heißen mit ganzem Namen Tuberkelhokko. Sie leben im Regenwald in Südamerika und sehen aus wie große Fasane. Tagsüber benehmen sie sich jedoch ein wenig wie Truthähne. Sie fressen Samen, Früchte und Insekten. Wenn Gefahr droht, rennen sie lieber weg als zu fliegen. Nachts schlafen sie in einem großen Nest aus Zweigen und Blättern, hoch oben in den Bäumen. Sie bekommen jedes Jahr ein oder zwei Küken.
- Woran kann man einen Hokko erkennen? Kannst du einen malen?

Machen!

- Koche drei Eier und bemale sie in schönen Farben.
- Verschenke diese Woche etwas.

Mingo

„Ich will nicht fliegen", sagt Mingo. Er presst seine kleinen Flügel dicht an seinen Körper. „Und ich will auch nicht auf einem Bein stehen."
Seine Mama streichelt ihm über die grauen Federn. „Komm schon", sagt sie, „wir wollen zum großen grünen See."
„Ich komme nicht mit", sagt Mingo. „Der See ist blöd."
Er versteckt sich zwischen den langen Beinen seiner Mama. Als er nach oben schaut, sieht er eine große rosa Federwolke. Dann sieht er sich selbst an.
Seine flaumigen Federn sind grau.
„Ich bin hässlich", sagt er. „Grau und hässlich. Meine Beine sind viel zu kurz. Und alles ist blöd."
Er steckt seinen Kopf in die Federn.

Mama und Papa sehen sich an.
„Gut, dass du sagst, wie es dir geht", sagt Mama. „Du bist traurig und böse und ängstlich. So fühle ich mich auch. Ich bin traurig, weil du nicht fliegen willst. Ich bin böse, weil du nicht lernen willst, auf einem Bein zu stehen. Und bin besorgt, dass du nicht mehr größer wirst. Komm, wir gehen jetzt los zum See."
„Ich komme nicht mit", sagt Mingo trotzig.
Mama geht los. Mingo bleibt stehen.
Papa geht los. Die grauen Federn von Mingo bewegen sich leicht im Wind.
„Ich will hier nicht alleine bleiben!", ruft er.
„Dann komm mit", ruft Mama von etwas weiter weg.

Mingo macht zwei Schritte nach vorne. Dann bleibt er stehen.
Mama und Papa sind schon an den ersten kleinen Pfützen vorbei.
„Ist es noch weit bis zum See?“, fragt Mingo.
„Noch sehr weit“, sagt Papa.
Der Wind bläst ein Lied aus fröhlichen Tönen.
Papa singt. Mama singt. Mingo schweigt.
Zusammen laufen sie zum großen grünen See,
viele Tage und Nächte hindurch.

Nachts macht Papa Halt. Dann schläft er auf einem Bein. Mingo versucht es auch. Er fällt nicht um.
Am nächsten Morgen wollen Mama und Papa etwas schneller gehen. Dabei schlagen sie mit ihren Flügeln. Mingo macht es ihnen nach. Er lernt, mit dem Wind zu fliegen.

Unterwegs verliert Mingo seine grauen Federn. Sie fallen einfach aus. An ihrer Stelle wachsen andere, große schöne rosa Federn. Mittlerweile ist Mingo halb grau und halb rosa. Und seine Beine sind auch gewachsen.

Unterwegs treffen sie noch andere kleine Vögel, die mit ihrer Mama und ihrem Papa zum großen See reisen. Sie machen Späße und pfeifen Lieder. Sie spielen Fangen und Verstecken. Sie werden Mingos Freunde. Sie alle verlieren ihre grauen Federn und werden so groß wie ihre Mamas und Papas.

Dann sind sie angekommen. Der große See ist wirklich sehr groß. Und sehr grün. Er ist voller leckerer Pflanzen und Tiere. Mingo ist jetzt ganz rosa. Er streckt seinen langen Hals aus und ist genauso groß wie alle anderen Flamingos. Überall, wo er hinschaut, sieht er rosa Vögel. Sie alle sind seine Freunde. Er schlägt mit seinen Flügeln und steht dann ruhig auf einem Bein. Unter ihm ist alles grün, über ihm ist alles blau. Und neben ihm? Da ist alles rosa.

Gut zugehört?

- Was will Mingo nicht machen?
- Wo wollen seine Mama und sein Papa hin?
- Was passiert unterwegs?
- Wie sieht Mingo aus, als sie beim großen grünen See ankommen?
- Was sieht Mingo zum Schluss unter, über und neben sich?

Und jetzt du!

- Warum ist Mingo traurig und böse und ängstlich?
- Warum ist seine Mama traurig und böse und ängstlich?
- Wann bist du schon mal traurig und böse und ängstlich?
- Was verändert sich alles bei Mingo?
- Was würdest du gerne an dir verändern?

„Hast du gesehen, wie ich mich verändern kann?“

GLÜCKSSCHLÜSSEL

GEFÜHLE = *zeigen, wie man sich fühlt, und eine positive Haltung annehmen*

→ **Jeder ist mal traurig, böse oder ängstlich. Es ist gut, dann mit jemandem darüber zu sprechen. Wir können uns gegenseitig dabei helfen, auf positive Weise zu leben: schöne Sachen machen und froh sein. Nicht ängstlich oder böse sein. Man kann das Schlechte oder das Gute sehen. Wer fröhlich ist, hat mehr Freunde und ein schöneres Leben. Fröhliche Menschen leben länger. Manche Menschen sagen, dass man lernen sollte, durch eine „rosa Brille“ zu schauen. Können wir das von den Flamingos lernen?**

→ **Für den Vorleser: Wann bist du manchmal traurig oder böse? Wie zeigst du das? Was machst du, um wieder froh zu sein?**

Wer ist Mingo?

- Mingo ist ein Flamingo. Flamingos sind große rosa Vögel mit sehr langen Beinen. Sie können im Wasser sehr lange auf einem Bein stehen. Baby-Flamingos sind nicht rosa, sondern haben graue Federn. Erst wenn sie größer werden, nehmen ihre Eltern sie mit zu den großen Seen. Die Seen sind oft grün. So eine Reise kann über 20 Kilometer lang sein. Von dem Futter, das die kleinen Flamingos essen, werden ihre Federn langsam rosa. Flamingos leben in großen Gruppen zusammen.
- Woran erkennst du einen Flamingo? Kannst du einen kleinen und einen großen Flamingo malen?

Machen!

- Wie lange kannst du auf einem Bein stehen?
- Bastle drei Masken: froh, ängstlich und böse. Setze sie auf.

Nandu

„Ich bin viel zu dick“, seufzt Nandu. Er sitzt in einem großen Nest, aber das Nest befindet sich nicht in einem Baum. Es liegt einfach auf dem Boden. Darin ist es weich und warm. In Nandus Familie brüten die Papas die Eier aus. Dies ist das erste Ei, das Nandu ausbrüten darf. Er sitzt schon sehr lange auf dem Ei. Er wartet, bis ein Vogel aus dem Ei schlüpft. Ein Vogel, dem er etwas zu fressen geben kann und dem er allerhand Dinge beibringen kann. Aber es will einfach kein Vogel schlüpfen. Und Nandu wird jeden Tag dicker und dicker.

Seine Schwester Nindie kommt zu Besuch. Sie erschreckt sich, als sie Nandu sieht. So dick ist er geworden!
„Darf ich das Ei mal sehen?“
Nandu streckt seine Beine und hebt seinen schweren Köper an.
Seine neugierige Schwester tickt mit dem Schnabel gegen das Ei.
Dann ruft sie: „Das ist überhaupt kein Ei. Du sitzt auf einem Stein!“

Nandu schaut auf den Stein. „Wie kann das sein?“, seufzt er. „Ich habe die ganze Zeit auf einem Stein gesessen! Da wird niemals ein Vogel rausschlüpfen, den ich füttern und dem ich allerhand Dinge beibringen kann.“ Zwei dicke Tränen rollen über sein Gesicht.

„Komm mit spielen“, ruft Nindie.
Aber darauf hat Nandu keine Lust. Seine Beine sind steif. Sein Nacken und sein Rücken tun weh. Er hat viel zu lange still gesessen.
„Sollen wir ‚Tiere raten‘ spielen?“, fragt Nindie. „Du spielst mir ein Tier vor und ich rate, welches Tier es ist.“ Nandu will seiner Schwester eine Freude machen. Er macht einen kleinen Sprung.
„Ein Huhn!“, ruft Nindie. „Du machst ein Huhn nach!“
„Nein“, sagt Nandu. Er macht einen größeren Sprung, noch einen und noch einen.
„Ein Frosch!“, ruft seine Schwester. „Du machst einen Frosch nach!“

„Nein“, sagt Nandu. Er springt noch höher. Er springt sogar über einen Zaun. „Ein Känguru!“, ruft Nindie. Endlich. Nandu sinkt zu Boden. „Ja, ein Känguru“, seufzt er. „Fang mich doch, wenn du kannst!“, ruft seine Schwester. Nandu kann sich nicht lange ausruhen. Sie springen beide wie Kängurus durch die Gegend. Nandu versucht, seine Schwester zu fangen.

„Es macht Spaß, so zu rennen und zu springen“, sagt er. „Aber jetzt habe ich Hunger!“ „Sollen wir zusammen Grashüpfer fangen?“, fragt Nindie. „Ja, die putzigen Grashüpfer“, sagt Nandu. Und dann springen sie wie zwei junge Grashüpfer bis zum Feld mit dem hohen Gras.

„Das nächste Mal setze ich mich auf ein richtiges Ei“, sagt Nandu. „Das ist gut“, sagt seine Schwester. „Dann komme ich ab und zu vorbei und setze mich auch mal auf das Ei. Damit du ein bisschen rumrennen und springen kannst.“ Nandu lacht.

Gut zugehört?

- Warum sitzt Nandu auf seinem Nest?
- Was sieht seine Schwester im Nest?
- Welches Tier macht Nandu nach?
- Was isst Nandu gerne?
- Was hat Nindie vor, wenn ihr Bruder das nächste Mal ein Ei ausbrütet?

Und jetzt du!

- Welche Tiere kannst du gut nachmachen? Kannst du das mal vormachen?
- Wann kannst du lange still sitzen bleiben?
- Welches Essen ist gesund, welches nicht?
- Was für eine Sportart machst du gerne?
- Mit wem spielst und rennst du gerne rum?

„Laufen, klettern, springen!“

GLÜCKSSCHLÜSSEL

GESUNDER KÖRPER = *gut für den eigenen Körper sorgen, sich bewegen und gesund essen*

→ **Lange still zu sitzen, fernzusehen oder Computer zu spielen … ist nicht gesund. Man sollte sich bewegen und frische Luft einatmen. Laufen, rennen, spielen, klettern und springen. Sich im Sportverein anmelden. Zusammen draußen spielen. Das macht gesund und glücklich.**

Immer nur Süßigkeiten, Pommes, Chips und Hamburger zu essen ist auch nicht gesund. Der Körper braucht Gemüse und Obst. Und viel Wasser. Das ist auch gesünder als Limonade, die viel Zucker enthält.

→ **Für den Vorleser: Was tust du für ein gesundes Leben? Was könntest du verbessern?**

Wer ist Nandu?

- Ein Nandu sieht aus wie ein kleiner Vogel Strauß. Strauße haben zwei Zehen an jedem Fuß, Nandus drei. Die Weibchen legen bis zu 50 Eier in ein großes Nest am Boden. Die Männchen brüten die Eier dann aus. Danach bleiben sie noch sechs Wochen bei den Küken, um ihnen allerhand Dinge beizubringen. Danach geht jeder seinen Weg. Nandus leben auf großen Arealen, meist zusammen mit vielen anderen Tieren. Sie fressen Gras, Wurzeln, Blätter und Blumen, aber auch kleine Tiere wie zum Beispiel Eidechsen, Frösche und Grashüpfer.
- Woran kann man einen Nandu erkennen? Kannst du einen malen?

Machen!

- Treibe diese Woche extra viel Sport: laufen, rennen, spielen, klettern, springen …
- Stelle dir einen gesunden Wochenspeiseplan mit viel Gemüse und Obst zusammen. Lecker!

Kea

Kea steht auf einem Holzbrett. Sie gleitet damit den verschneiten Berg hinunter. Jihaaaaa! Beinahe prallt sie gegen einen Felsen. Gerade noch rechtzeitig fährt sie eine Kurve und hält bei den Wurzeln eines großen Baumes an. Dann nimmt sie ihr Holzbrett in den Schnabel und fliegt zurück nach oben. Dort lässt sie es wieder in den Schnee fallen. Sie schlägt mit den Flügeln und landet auf dem Brett. Dann fährt sie wieder den Berg hinunter. Jihaaaaa! Kea kann snowboarden! Sie hat gesehen, wie die Kinder das gemacht haben, und gedacht: „Das kann ich auch."

Während sie durch die Berge fliegt, sieht sie unter sich eine Gruppe von Kindern mit gelben Jacken. Sie zeigen auf Kea. Kea breitet ihre Flügel weit aus, sodass die Kinder die Farben ihres Gefieders gut sehen können. Auf der Oberseite ist Kea so grün wie eine Olive. Auf der Unterseite ist sie orange wie eine Apfelsine.

Die Kinder sehen zuerst die Apfelsinenseite. Dann dreht sich Kea beim Fliegen plötzlich auf den Rücken.
„Guck mal!", rufen die Kinder. „Der Vogel kann verkehrt herum fliegen!"
Kea fliegt nun dicht über ihren Köpfen. Ganz und gar grün. Die Kinder ducken sich.
Kea fliegt eine Kurve und dreht sich wieder um. Jetzt können die Kinder ihre orangefarbenen Federn sehen.
Grün. Orange. Grün. Orange. Kea dreht sich in der Luft wie eine Schraube.
Die Kinder klatschen in die Hände, als wären sie im Zirkus.

Kea öffnet ihren langen krummen Schnabel ein wenig. Dann fliegt sie geradewegs auf die Kinder zu. Saus! Schnapp! Kea stibitzt eine rote Mütze vom Kopf eines Kindes. Sie nimmt die Mützen mit, hoch in die Wolken. Dort zeichnet sie etwas in die Luft.

Die Kinder verfolgen mit den Augen die rote Mütze im blauen Himmel. Kea beschreibt zwei große Kreise in den Wolken. Eine große rote Acht.

Dann lässt sie sich fallen und landet knapp vor den Füßen der Kinder. Sie legt die rote Mütze auf den Boden und fliegt sofort wieder los. Hui! Sie dreht sich noch einmal auf den Rücken. Grün. Orange. Grün. Alle Kinder lachen. „Was für ein verrückter Vogel!“

Kea fliegt zu ihrem Nest hoch oben in den Bergen. Dort sitzt ihre ganze Familie auf den Wurzeln eines großen Baumes. Fünf grüne Vögel und ein kleiner weißer. Kea lässt sich ruhig neben ihnen nieder. Sie stoßen mit ihren langen Zehen einen Stein zwischen sich hin und her. Der Stein hat schwarze Punkte. Er sieht aus wie ein Würfel. Die Vögel spielen ein Spiel. Sie sind richtige Spielvögel.

Der kleinste Vogel hat zwei gelbe Kreise um seine Augen. Er sieht aus wie ein Clown. Der Clown der Berge. Kea zwinkert ihm zu. Gemeinsam breiten sie ihre Flügel aus und fliegen weg. Erst zum Holzbrett im Schnee. Snowboarden! Danach zeigt sie ihm, wie man mit dem Rücken nach unten fliegt.
„Weißt du, wie man eine Mütze stibitzt?“, fragt Kea.
„Nein“, sagt der kleine Vogel. Die gelben Kringel um seine Augen werden größer und größer.
Weit unter sich hören sie die Kinder lachen.

Gut zugehört?

- Was macht Kea mit dem Brett im Schnee?
- Welche Farben haben Keas Flügel?
- Wieso sehen die Kinder mal einen orangefarbenen und mal einen grünen Vogel?
- Was macht Kea mit der roten Mütze des Kindes?
- Was lernt der junge Vogel von Kea?

Und jetzt du!

- Kea ist schlau. Woran merkt man das?
- Kea ist lustig. Woran merkt man das?
- Woran merkt man, dass ihre Familie auch schlau ist?
- Was hast du in letzter Zeit gelernt?
- Was möchtest du noch lernen?

„*Das will ich lernen.*"

GLÜCKSSCHLÜSSEL

AUSPROBIEREN = *neugierig und wissbegierig bleiben, wachsen, Neues lernen*

→ **Kea probiert immer wieder Neues aus. Das macht sie glücklich. Sie ist neugierig. Sie schaut sehr genau zu, wie die Kinder Snowboard fahren und lernt es dadurch auch selbst. Sie hat gelernt, mit dem Rücken nach unten zu fliegen und Sachen in die Luft zu zeichnen. Das möchte sie auch ihrem kleinen Bruder beibringen. Zusammen Dinge zu unternehmen und zu lernen macht uns stark und glücklich. Wachsen und Neues lernen ist schön.**

→ **Für den Vorleser: Was hast du gerade neu entdeckt oder gelernt? Was möchtest du gerne noch lernen?**

Wer ist Kea?

- Kea ist der Name einer großen Papageien-Art, die in den Bergen von Neuseeland lebt. Keas nisten unter den Wurzeln von großen Bäumen. Es sind die schlausten Vögel der Welt. Keas können sogar puzzeln. Sie sind sehr neugierig und wollen immerzu Neues lernen. Sie kommen den Menschen sehr nah und stehlen manchmal ihre Sachen. Auf der Oberseite sind ihre Flügel olivgrün, an der Unterseite orange. Die Jungvögel haben gelbe Kreise um ihre Augen. Keas können auch viele Kunststücke in der Luft machen, aber natürlich nicht snowboarden oder mit dem Rücken nach unten fliegen. Keas sind sehr lustig und werden die „Clowns der Lüfte" genannt.
- Woran kann man einen Kea erkennen? Kannst du einen malen?

Machen!

- Was würdest du gerne können? Wie könntest du das lernen? Fange damit an!
- Gehe diese Woche in die Bibliothek und suche dir ein interessantes Buch aus.

Branta

Branta und ihre Mutter schaukeln zusammen auf dem Weiher.
„Es wird kalt hier im Weiher“, sagt Mama. „Wir müssen weiterziehen.“
„Wohin denn?“, fragt Branta.
„An einen warmen Ort, wo mehr Sonne ist. Im Sommer kommen wir hierher zurück. Du bist jetzt stark genug mitzufliegen.“
Für Branta ist es das erste Mal. Ihr Herz schlägt ihr bis zum Hals.
„Am Anfang halten wir dich aus dem Wind heraus“, sagt Mama. „Da brauchst du noch nicht an der Spitze zu fliegen.“
Branta schaut auf ihre kleinen braunen Flügel. Mamas Flügel sind viel größer.
„Wir sind so weit“, sagt Mama. Und dann fliegen sie los.

Papa fliegt vorne. Sein schwarzer Kopf teilt die Luft.
Hinter ihm kommen die anderen Gänse, auf beiden Flügelseiten. Sie bilden ein großes V am Himmel. Auf der einen Seite des Vs fliegt Mama als letzter Vogel. Auf der anderen Seite ist Branta der letzte Vogel der Reihe. Sie schlägt tüchtig mit ihren Flügeln.

Auf einmal fliegt Papa hinter ihr. Aber wer fliegt denn dann ganz vorne an der Spitze? Branta sieht, dass jetzt einer ihrer Brüder vorwegfliegt. Papa ruht sich jetzt mal aus. Er lässt sich vom Wind tragen.

Nach einer Weile ist Branta an der Reihe, an der Spitze zu fliegen. Unter ihr ziehen die Bäume, Häuser und Seen vorbei. Klapp, klapp. Klapp, klapp.
Ihre Flügel tragen sie in der Luft. Klapp, klapp. Sie streckt ihren schwarzen Kopf nach vorne. Sie spürt, wie der Wind an ihren Federn entlangstreicht.
Klapp, klapp. Ihre Brüder, ihre Schwestern, ihre Mama und ihr Papa können sich nun etwas ausruhen.
Branta übernimmt die Arbeit.

Ein kräftiger Wind kommt auf. Nur nicht aufgeben jetzt! Weiterfliegen, denkt Branta bei sich.
Aber dann kommt Mama. Sie tippt auf Brantas Flügel. „Sehr gut gemacht“, sagt sie. „Ich übernehme jetzt.“ Branta lässt sich sanft zurückfallen. Nun ist sie wieder der letzte Vogel in der Reihe. Sie gleitet durch die Wolken. Mama fliegt an der Spitze. Sie richtet ihren Schnabel Richtung Boden und stellt ihre Flügel gegen den Wind. Alle Gänse bremsen. Sie strecken ihre Beine aus und landen sanft auf einem Weiher.

„Sind wir da?“, fragt Branta.
„Noch längst nicht“, sagt Mama. „Aber fühlst du, dass das Wasser hier schon wärmer ist?“
Branta knabbert an einer Pflanze aus dem Wasser. Sie atmet tief ein. Sie fühlt, wie die Luft in ihren Körper strömt. Sie schüttelt ihre Flügel aus.

Dann watschelt Papa los, streckt seine Flügel aus und steigt wie ein Flugzeug auf in die Luft. Brantas Brüder und Schwestern folgen ihm.
Mama schaut Branta an. Sie sind die Letzten.
„Darf ich gleich wieder an der Spitze fliegen?“, fragt Branta.

Gut zugehört?

- Wohin fliegen Branta und ihre Familie?
- Wer fliegt an der Spitze?
- Wie sorgen die Vögel dafür, dass sie nicht müde werden?
- Was passiert, als Branta an der Spitze fliegt?
- Fliegt Branta gerne ganz vorne?

Und jetzt du!

- Warum ziehen die Vögel weiter?
- Warum bilden sie beim Fliegen ein großes V?
- Würdest du auch, so wie Branta, an der Spitze fliegen wollen?
- Was ist für dich manchmal schwierig? Hältst du dann doch durch?

„Jetzt nicht aufgeben!"

GLÜCKSSCHLÜSSEL

KRAFT = *mutig sein und Widerstandskraft entwickeln*

→ **Manche Vögel oder Menschen geben schnell auf. Aber diese Gänse halten die weite Reise gut durch. Sie stärken sich gegenseitig, indem sie abwechselnd an der Spitze fliegen. So kann sich jeder Vogel mal ausruhen. Auch Branta hilft mit, obwohl es sehr windig ist und ihre Flügel noch klein sind. So lernt sie, dass man Probleme überwinden kann. Sie findet es sogar schön, an der Spitze zu fliegen. Wer schnell aufgibt, ist nicht so glücklich.**

→ **Für den Vorleser: Wann warst du mal sehr mutig? Was hast du daraus gelernt?**

Wer ist Branta?

- Branta heißt mit ganzem Namen *Branta canadensis,* Kanadagans. Das ist eine große Gänse-Art: Sie werden einen Meter groß und haben Flügel, die jeweils fast einen Meter lang sind. Es sind Zugvögel. Im Winter ziehen sie in wärmere Gebiete, im Sommer kommen sie zurück. Sie haben braune Federn. Ihr Kopf und ihr Nacken sind schwarz. Sie können sehr lange fliegen und sind sehr tapfer und mutig. Sie fliegen in Form eines Vs und wechseln sich an der Spitze ab.
- Woran könntest du eine Gans wie Branta erkennen? Kannst du eine malen?

Machen!

- Übe diese Woche hüpfen, hochspringen, weitspringen oder Trampolinspringen.
- Was kannst du besonders gut? Wie kannst du diese Woche darin noch besser werden?

Extra

Machen

- Welchen Vogel aus diesem Buch magst du am liebsten?
- Welchen Vogel hättest du gerne zum Freund?
- Welchem Vogel könntest du am besten helfen?
- Male ein großes Bild mit allen Vögeln aus diesem Buch. Zeichne die Vögel, wie sie etwas machen, das sie sehr gut können.
- Male oder bastle einen großen Vogel, in dem man von allen Vögeln aus diesem Buch etwas wiedererkennt.
- Sieh dir die Vögel in deiner Umgebung gut an. Was machen sie? Finde heraus, wie sie heißen.
- Gehe in ein Naturkundemuseum mit ausgestopften Vögeln oder in einen Zoo. Worin unterscheiden sich die Vögel voneinander?
- Suche nach einer Aufnahme mit ruhigem Vogelgesang, die im Hintergrund läuft, wenn du diese Geschichten vorgelesen bekommst und darüber sprichst.
- Jeder Vogel aus diesem Buch lehrt uns, wie man ein wenig glücklicher werden kann. Schneide für jeden Vogel ein Bild aus einer Zeitschrift aus, das zeigt, was den Vogel glücklicher macht.
- Male ein Bild oder bastle eine Collage, worauf man sieht, was dich ein bisschen glücklicher macht.
- Was kannst du von den Vögeln lernen, wie man andere glücklicher macht?

Erwachsene, die noch mehr an ihrem Glück und dem ihrer Kinder arbeiten möchten, finden Inspiration in den anderen Büchern und der Glücksbox von Leo Bormans (alle bei DuMont erschienen):

- *Glück. The World Book of Happiness*
- *Eine Schatzkiste voll Glück. The World Box of Happiness*
- *Liebe. The World Book of Love*
- *Hoffnung. The World Book of Hope*

Vögel beobachten!

- Besuche eine Vogelbeobachtungsstation oder Vogelwarte in deiner Nähe, nimm ein Fernglas mit und entdecke in aller Ruhe neue Vogelarten. Unter www.vogelundnatur.de/hotspots gibt es eine Karte mit den schönsten Vogelbeobachtungsorten in Deutschland.
- Man kann auch in einen Vogelpark fahren, zum Beispiel nach Walsrode oder Marlow.

Wir teilen unser Glück

- Glück findet man, indem man es mit anderen teilt. Darum unterstützt *Glück für Kinder* das Projekt „O Mundo" der Stiftung Lesen in Belgien. „O Mundo" stellt multikulturellen Schulklassen Bücherpakete zur Verfügung. So können Kinder aus allen Kulturen eine Weltbibliothek voller inspirierender Bücher kennenlernen.